SAINT WINOC

PATRON DE LA VILLE DE BERGUES

SAINT WINOC

PATRON DE LA VILLE DE BERGUES

SA VIE
SES RELIQUES ET SON CULTE

> *Date nomini ejus magnificen-*
> *tiam.*
>
> Relevez le nom de votre
> patron par de plus magnifiques
> hommages.　　Eccli. 39, 20.

LILLE

IMPRIMERIE DE J. LEFORT

1887

A partir du VIIIe siècle de notre ère, la
ville de Bergues n'a cessé d'invoquer, comme
son patron spécial, saint Winoc, son fondateur. Chaque année, on célébrait en son
honneur trois fêtes : la première, au jour
anniversaire de sa mort, le 6 novembre ;
la seconde, en mémoire de l'élévation de
son corps, appelée l'Exaltation de saint
Winoc, le 20 février, et la troisième, celle
de la Translation qui fut faite du corps du
saint à l'abbaye de Bergues, le 18 septembre.
La première de ces fêtes, comme la plus
solennelle, était autrefois de précepte dans
toute la ville, et pendant toute l'octave, les
pieux habitants de Bergues se faisaient un
devoir et un bonheur de venir prier leur
illustre patron.

Au milieu des folies et des horreurs de la Révolution, le culte public de saint Winoc perdit tout son éclat : à peine quelques âmes pieuses osaient-elles, dans le secret de leur cœur, lui rendre de timides hommages. Mais dès que, à l'avènement de Bonaparte, le bon sens et la justice eurent repris leurs droits en France, la dévotion à saint Winoc refleurit bientôt à Bergues. Par les soins du vénérable archiprêtre M. Delautre, le culte du Saint fut restauré, ses reliques renfermées dans deux châsses précieuses et exposées à la vénération des fidèles.

Il appartenait à son digne successeur, M. le doyen Staelen, de ressusciter dans toute leur splendeur les anciennes fêtes qui se célébraient en mémoire du fondateur de Bergues.

A la requête de notre vénéré pasteur, la Sacrée Congrégation des Rites, usant des pouvoirs à elle spécialement accordés par

Notre Très Saint Père le Pape Léon XIII,
a déclaré saint Winoc Patron principal de
la ville et châtellenie de Bergues, et institué
en son honneur deux fêtes avec office
propre; la première, le 6 novembre, anniversaire de sa bienheureuse mort (double
de 1re classe avec octave); la seconde, le
18 septembre, pour la Translation de ses
reliques.

A cette occasion, nous publions cette
courte notice sur la vie et le culte de saint
Winoc, heureux d'unir nos humbles et
reconnaissants hommages à ceux de la cité,
qui, pendant six années, nous a offert une
si cordiale hospitalité.

PAUL MURY,

de la Compagnie de Jésus.

SAINT WINOC

PATRON DE LA VILLE DE BERGUES

I

Vie de saint Winoc (1).

Saint Winoc naquit vers l'an 632 ; il était issu de la famille royale, qui occupait, au VIIe siècle, le trône de la Bretagne armoricaine. Au dire des chroniqueurs, son père, Juthaël, aurait eu quinze fils et six filles, qui presque tous se sont sanctifiés dans la vie monastique.

A l'exemple de ses frères, Winoc préféra, aux splendeurs du trône, l'humilité du cloître.

(1) Extraite de la Vie manuscrite du XIIe siècle, conservée à la Bibliothèque municipale de Bergues.

Pour suivre l'appel de son Dieu, il eut à soutenir une lutte difficile contre la tendresse de ses parents et l'opposition de son peuple, désolé de perdre un si bon prince. Mais le futur apôtre de Bergues sut triompher de tous les obstacles, et, avec trois jeunes seigneurs bretons qu'il avait faits les confidents de son projet, il s'embarqua pour une terre lointaine.

La légende entoure ce départ de circonstances merveilleuses. A peine le peuple s'est-il aperçu de la fuite de son roi futur qu'on se met à sa poursuite; bientôt on atteint le fugitif, on veut le forcer de rebrousser chemin. Sur son refus, ces rudes Bretons, aveuglés par la colère, le précipitent dans la mer et s'en retournent satisfaits de leur vengeance. Mais, ô prodige! voici que sur les flots apparaît un îlot de verdure émaillé de fleurs, et le saint confesseur y est doucement déposé par la vague. Il reste là, à genoux sur le gazon fleuri et bénissant le Seigneur, jusqu'à ce qu'un navire, passant près de l'îlot, recueille le naufragé et le mène sur la plage plus hospitalière de la Morinie.

C'était vers l'an 665. Alors florissait à Sithiu, aujourd'hui Saint-Omer, sur les confins de la Morinie, un monastère célèbre, où plus de cent cinquante moines s'exerçaient à la plus haute vertu, sous la sage direction de saint Bertin, non moins illustre par ses mérites que par les prodiges qu'il semait sous ses pas. C'est à la porte de ce monastère renommé que vint frapper le jeune prince breton, avec ses trois compagnons, Ingenoc, Quadanoc et Madoc. Le vénérable patriarche les accueillit avec bonté, et, les voyant tout embrasés de l'amour de Dieu et bien résolus à mener une vie sainte sous le joug de la règle monastique, il les reçut au nombre de ses moines.

Dociles aux leçons de leur maître, Winoc et ses trois compagnons firent de rapides progrès dans la voie de l'abnégation et de la vertu religieuse. Ils étaient les modèles de toute la communauté ; et, comme le dit son biographe, Winoc brillait parmi les cent cinquante religieux de Sithiu, comme l'étoile du matin parmi les autres étoiles du firmament.

Dieu l'avait choisi pour devenir l'apôtre de la Flandre maritime. Au viie siècle, ce pays, en grande partie couvert de marécages, n'était habité que par quelques peuplades barbares, plongées dans une grossière idolâtrie. Saint Bertin chargea Winoc et ses trois compagnons de faire briller à leurs yeux le flambeau de la foi.

Armés de la croix, les quatre missionnaires bretons vont s'établir au milieu de ces tribus barbares. Non loin de l'Océan s'élevait une petite colline, à laquelle son aspect riant avait fait donner le nom de *Grœnberg* (la montagne verte). Sur le sommet, au milieu d'un bois sacré, se dressait une idole vénérée ; les soldats du Christ, bravant la colère des païens, brisent cette statue, mettent le feu au bois sacré, et, sur la place purifiée, plantent une croix, à l'ombre de laquelle ils bâtissent une pauvre cabane (30 décembre 685). C'est sur l'emplacement même de cette humble chaumière que s'élèvera plus tard l'abbaye de saint Winoc, une des gloires de la Flandre. La colline elle-même échangera son nom de *Grœnbery* contre celui de *Winox-berg*, et ce nom désignera désormais la cité, qui s'étendra à ses pieds et « qui traversera l'histoire en laissant à toutes les pages de ses annales le témoignage de sa foi inébranlable et de son amour pour celui qu'elle invoque sous les titres d'Apôtre, de Patron et de Fondateur. »

Pendant une dizaine d'années (685-695), Winoc et ses compagnons habitèrent la solitude du *Grœnberg,* confirmant dans la foi, par leurs exemples et leurs discours, les populations flamandes qu'ils avaient converties. « C'étaient, dit le biographe, des hommes crucifiés au monde et pour qui le monde était crucifié. »

Touché du zèle et de la sainteté des quatre missionnaires bretons, un noble et puissant seigneur, Hérémare de Wormhoudt, leur fit don d'une partie de son domaine, situé sur les bords de la petite rivière de la Peene. L'acte de donation était daté du 1er novembre, an 1 du règne de Childebert. Avec l'autorisation de saint Bertin, les quatre religieux acceptèrent l'offrande de leur généreux donateur, et, mettant la main à l'œuvre, ils eurent bientôt construit, selon les intentions de leur bienfaiteur, une église, un monastère et un hospice pour les pauvres et les pèlerins. La petite communauté ne tarda pas à s'accroître, et répandit autour d'elle la bonne odeur de toutes les vertus. A l'exemple des Apôtres, les pieux cénobites ne faisaient qu'un cœur et qu'une âme. Au chant des louanges du Seigneur, ils joignaient le travail des mains, et, selon la règle de saint Benoît, ils s'appliquaient avec ardeur au soulagement des infirmes et à l'assistance des pauvres. Leur maison était toujours ouverte aux voyageurs, à qui ils offraient l'hospitalité la plus large.

Saint Winoc donnait l'exemple à tous; chargé par saint Bertin de diriger le nouveau monastère, il ne négligea rien pour faire avancer ses inférieurs dans les voies de la perfection. Prenant pour devise cette parole du Christ : « *Non veni ministrari, sed ministrare*, Je ne suis pas venu pour être servi, mais pour servir, » il fut le serviteur de tous; et, comme il est dit dans son office : « Chargé de guider le char du Christ, cet homme de Dieu, par son exemple, entraîna ses disciples à mener une vie tout angélique; bien que le premier par sa dignité et son mérite, il aima mieux, à l'exemple du Christ, son maître, se faire le serviteur d'autrui que de se laisser servir lui-même. »

Ce n'était pas sans attendrissement qu'on voyait le saint abbé, issu de sang royal, se charger des besognes les plus humbles et les plus pénibles pour soulager ses frères, sortis parfois de la condition la plus obscure. Tout le temps que lui laissaient ses devoirs de supérieur, il le passait au moulin du

monastère, occupé à tourner la meule!...
Ne comprenant pas que le saint abbé, affaibli
par l'âge et les austérités, pût suffire à un
travail aussi fatigant qui aurait épuisé les
forces d'un homme jeune et vigoureux, les
moines soupçonnaient une assistance surna-
turelle. L'un d'entre eux, poussé par la curiosité, eut l'indiscrétion d'aller regarder par
la fente de la porte : il aperçut le saint
immobile, les mains et les yeux levés au
ciel, absorbé dans la prière, tandis que la
farine coulait abondamment sous la meule,
tournée par des mains invisibles! Un ange
sans doute remplaçait le pieux vieillard dans
son travail, pour lui laisser le temps de
s'abandonner aux douceurs de la contemplation.

Le moine indiscret paya cher sa curiosité :
à peine a-t-il vu la merveille qu'il tombe par
terre frappé d'aveuglement et de paralysie.
Tous ses membres sont saisis d'un violent
tremblement; on le transporte dans sa cel-
lule, et le lendemain seulement, ayant re-

couvré la parole, il raconte avec larmes à ses frères sa faute et son châtiment, ajoutant le récit du miracle dont il avait été le coupable témoin ; puis il se fait porter aux pieds du saint abbé et implore son pardon au nom de la miséricorde divine. Saint Winoc, touché de compassion, fait une courte prière à Dieu et trace le signe de la croix sur les yeux du moine repentant : aussitôt la vue et les forces lui sont rendues, et il mêle sa voix à celle de ses frères pour bénir et remercier le Seigneur !

Le bruit de ce miracle et d'autres semblables s'étaient répandus au loin. De tous côtés les fidèles venaient en foule s'adresser à l'homme de Dieu ; ils ne pouvaient se lasser de contempler la candeur et la paix brillant sur son visage ; ils voyaient avec attendrissement ce fils de roi se faire le serviteur de tous, et, toujours le sourire sur les lèvres prodiguer à tous ses encouragements et ses consolations !

Cependant le saint vieillard soupirait après

le moment de sa délivrance. « Seigneur, tirez mon âme de sa prison, » répétait-il souvent dans ses ferventes aspirations. Dieu exauça sa prière, et, le 6 novembre 717, le saint patriarche, âgé de plus de 85 ans, s'endormit doucement dans le Seigneur, assisté par les anges, qui lui avaient apporté, en échange de sa couronne périssable, la couronne immortelle des cieux !

Il fut enterré avec honneur dans l'église qu'il avait construite lui-même à Wormhoudt en l'honneur de saint Martin. Dès l'année suivante, il était invoqué par le peuple comme un saint, et de toutes parts les malades et les infirmes venaient chercher auprès de son tombeau la guérison de leurs maux.

Un fait merveilleux avait attesté au loin la puissance du serviteur de Dieu. Un jour que les moines, retirés dans leurs cellules, prenaient un peu de repos, un violent incendie éclata soudain dans l'église du monastère. En peu d'instants tout l'édifice est en flammes ; seul le tombeau du Saint, avec les ornements qui le décorent, demeure intact au milieu de l'embrasement du reste de l'église. Ce n'est pas tout. Quand les moines, pour relever le sanctuaire brûlé, voulurent transporter ailleurs le tombeau du Saint, aucune force humaine ne fut capable seulement de l'ébranler ; mais quand on eut résolu de laisser le cercueil dans le jardin voisin de l'église, on l'emporta sans difficulté ; comme si le Saint eût voulu lui-même désigner l'endroit où désormais il répandrait ses bienfaits sur ceux qui l'invoqueraient avec confiance.

II

Culte de saint Winoc.

Les nombreux miracles par lesquels Dieu glorifia la tombe de son serviteur, le firent bientôt inscrire au catalogue des Saints.

On ignore la date de son élévation solennelle ou canonisation. Dom Belver, un de ses historiens, dit que ce fut l'année même qui suivit sa mort, c'est-à-dire en 717. On en faisait la fête le 23 mars.

Ce qu'il y a de certain, c'est qu'il eut un culte public dès les premières années du ixe siècle. Le comte Gérard d'Esperlec fit construire en son honneur un oratoire dans ses domaines d'Esperlec, entre Saint-Omer et Bourbourg; il y ajouta un prieuré, qui fleurit jusqu'à l'invasion des Normands.

Ces barbares, promenant le fer et la flamme dans toute la Morinie, ruinèrent de fond en comble l'abbaye de Wormhoudt et le prieuré d'Esperlec (861). Heureusement les moines de Wormhoudt avaient eu la précaution de porter le corps de leur saint fondateur dans la ville de Saint-Omer ; ce qui le sauva de la destruction.

Les restes vénérés de saint Winoc restèrent à Saint-Omer pendant plus d'un demi-siècle, de 846 à l'an 900. Le 30 décembre de cette année 900, ils furent transférés à l'église de Bergues, sous le règne de Charles le Simple, par les soins du comte de Flandre, Baudouin le Chauve. Le pieux comte pensait avec raison que la présence, les mérites et l'intercession de ce puissant patron seraient, pour la ville de Bergues, le rempart le plus solide, la sauvegarde la plus sûre.

Le corps du Saint resta dans l'église de Saint-Martin jusqu'au temps de Baudouin-à-la-Belle-Barbe, environ cent trente ans. Chaque année, à la Saint-Jean, puis à la

Pentecôte, on portait avec pompe les saintes reliques à Wormhoudt, où l'on avait érigé, dans l'église, un autel en l'honneur de saint Winoc.

Lorsque Baudouin eut bâti une nouvelle église dans la partie supérieure de Bergues, il y fit transférer le corps de saint Winoc. Il avait confié cette église à des chanoines; mais en 1022, ces chanoines s'étant montrés infidèles à leurs devoirs, le comte les remplaça par des moines de Saint-Bertin. Ce fut l'origine de la fameuse abbaye, qui fut pendant de si longs siècles la gloire et l'ornement de Bergues, jusqu'à ce qu'elle tombât sous le marteau des démolisseurs de 1793 !

Le Saint ne cessa, dans le cours des siècles, de récompenser par des grâces merveilleuses la confiance des peuples. En 1036, la comtesse de Flandre, témoin d'un de ces miracles, fit don au Saint d'un ornement précieux.

Dès cette époque reculée, avait lieu, chaque année, le jour de la Trinité, une procession solennelle, où l'on portait en triomphe, par les rues de la ville, les reliques de saint Winoc, avec les dons précieux dont l'avaient enrichi ceux qui lui devaient leur guérison ou d'autres faveurs signalées.

Selon l'usage de ces siècles de foi, les moines emportaient avec eux les précieuses reliques quand ils assistaient à une grande cérémonie religieuse. C'est ainsi que nous trouvons les reliques du Saint à la consécration solennelle de l'église collégiale de Saint-Pierre, fondée à Lille par le comte de Flandre, Baudouin le Pieux.

Vers la fin du xi° siècle, eut lieu le fameux miracle de la Colme.

« Un jour, raconte le P. Malbrancq, l'historien de la Morinie, un enfant, appartenant à l'une des plus riches familles de la ville, prenait ses ébats sur les bords de la Colme, près de la porte qui conduit à Bierne. Entraîné par son ardeur, il tomba dans la rivière et s'y noya, sans qu'on pût même retrouver son cadavre. Cependant la mère éplorée demande à saint Winoc, avec une foi admirable, de lui rendre son enfant; elle court à l'abbaye, et, par ses larmes et ses supplications, obtient du Père abbé de faire porter la châsse du Saint jusqu'au lieu de l'accident. Tous les religieux du monastère accompagnent au chant des psaumes les saintes reliques; une foule immense se joint à eux; on plonge la châsse dans les eaux, et l'enfant, plein de vie, reparaît à la surface, tendant les bras vers sa mère! Une immense acclamation accueille ce miracle, et toute la foule frémissante entonne un chant d'action de grâces! »

En souvenir de ce prodige attesté par des centaines de témoins, chaque année, le jour de la Trinité, on portait en procession la châsse du Saint jusqu'à la rivière de la Colme. A l'endroit, appelé en flamand *Het Badt* (le Bain), on plongeait les reliques dans l'eau, qui, par ce contact, obtenait la vertu de guérir la fièvre et d'autres maladies. Aussi voyait-on les malades se baigner avec empressement, sous les yeux même de la multitude, dans les eaux sanctifiées par l'attouchement des reliques. Cette cérémonie du Bain se continua tous les ans jusque vers le milieu du siècle dernier, où l'évêque d'Ypres la supprima, à cause des abus auxquels elle pouvait donner lieu.

En 1383, lorsque les soldats du roi de France, Charles VI, pillèrent et incendièrent l'abbaye de Saint-Winoc, ils respectèrent du moins le corps du saint abbé, qui fut replacé avec honneur dans une nouvelle châsse en 1394.

Dans les calamités publiques, on faisait avec cette châsse des processions générales pour obtenir la pluie ou le beau temps, la paix ou d'autres faveurs temporelles, et toujours ces supplications étaient exaucées.

Pendant les troubles religieux du xvie siècle, les moines de Saint-Winoc purent sauver providentiellement leur précieux trésor, et quand la paix fut rendue aux religieuses populations de la Flandre, la dévotion à saint Winoc fut plus répandue que jamais. C'est alors que fut créée ou plutôt restaurée la Confrérie qui porte son nom, et que les Souverains Pontifes ont enrichie de nombreuses indulgences.

A la fin de ce même siècle, les Pères de la Compagnie de Jésus, venus à Bergues vers 1599, donnèrent un nouvel élan au culte de saint Winoc; ils mirent sous son puissant patronage le collège florissant où, pendant plus de cent soixante ans ils dépensèrent leur zèle à former la jeunesse catholique de la Flandre maritime.

Mais, hélas! la grande Révolution accomplit son œuvre de destruction à Bergues comme partout ailleurs. La grande abbaye de Saint-Winoc fut engloutie dans la tempête et son église détruite, à l'exception des deux tours, qui encore aujourd'hui servent de phare aux pilotes de Dunkerque. Mais la dévotion au saint abbé survécut à la ruine de son église dans le cœur des habitants de Bergues, et quand l'épée victorieuse de Bonaparte eut relevé la croix au fronton de nos églises, la ville de Bergues, grâce à l'initiative d'un pasteur zélé, ne tarda pas à restaurer avec un nouvel éclat le culte de son saint Patron et Fondateur !

En présence de trois anciens religieux de l'abbaye, les reliques du Saint furent exposées dans une châsse de grand prix à la vénération des fidèles ; la Confrérie fut rétablie et comblée de faveurs spirituelles par les Souverains Pontifes.

Cependant le culte de saint Winoc n'avait pas encore toute la splendeur des jours anciens. Le cœur de notre vénéré doyen en souffrait, et voici que, sur sa demande, appuyée par tous les prêtres de son doyenné, Rome vient de déclarer solennellement saint Winoc Patron de Bergues et de la châtellenie. La fête est élevée au rang de 1re classe avec octave, et un nouvel office approuvé par la Sacrée Congrégation des Rites conserve le souvenir des chants religieux par lesquels nos pères célébraient le puissant protecteur de Bergues.

A la fête principale, célébrée le 6 novembre, est jointe une fête secondaire, celle de la Translation de saint Winoc, fixée au 18 septembre.

Désormais le saint fondateur de Bergues aura, dans sa ville, les honneurs que lui ont mérités dix siècles de bienfaits!...

III

Les reliques de saint Winoc.

Après sa mort, le corps de saint Winoc,
comme nous l'avons dit plus haut, reposa
dans l'église de Wormhoudt, jusqu'à l'époque
des invasions normandes, au milieu du
IXe siècle. Alors, pour mettre leur précieux
trésor à l'abri des pirates normands, les
moines de Wormhoudt le transportèrent à
Saint-Omer, où il resta jusqu'à l'an 900.

Le 30 décembre de cette même année, sous
le règne de Charles le Simple, le comte de
Flandre, Baudouin le Chauve, malgré l'opposition des habitants de Saint-Omer, fit porter
à Bergues, dans l'église de Saint-Martin, le
corps de saint Winoc. Il y resta environ cent
trente ans, jusqu'aux temps du comte Bau-

douin-à-la-belle-Barbe. Ce prince, ayant construit, sur la colline de Bergues, une église à
saint Winoc, y fit transférer les reliques du
saint fondateur. C'est l'anniversaire de cette
translation qu'on fêtera désormais le 18 septembre.

Le corps de saint Winoc avait été renfermé
dans un coffret cerclé de fer, placé lui-même
dans une châsse plaquée d'argent ; vers 1067,
on remplaça la châsse par un nouveau reliquaire, orné d'or et de pierres précieuses.
Ce précieux joyau devint la proie des soldats
de Charles VI, en 1383. Heureusement le
saint corps fut sauvé, et on le mit dans une
châsse nouvelle ; mais on eut soin de séparer
la tête, qui fut placée dans un reliquaire
spécial.

Pendant les troubles religieux du xvi⁰ siècle,
les moines de Saint-Winoc parvinrent à sous-
traire leurs reliques aux profanations des
hérétiques.... On en fit, au siècle suivant,
en 1626, une reconnaissance officielle.

En 1646, on plaça le chef de saint Winoc

dans un nouveau reliquaire. Au xviii° siècle, en 1711, on ouvrit la châsse pour donner une relique à l'église de Wormhoudt.

En 1792, à la grande Révolution, il fallut envoyer à la Monnaie toutes les richesses du monastère ; ainsi disparurent le buste, qui contenait le chef de saint Winoc, et la châsse d'argent, qui renfermait le reste des ossements. Mais on déposa les saintes reliques dans deux boîtes, qui furent scellées et placées dans une armoire du presbytère, où elles restèrent jusqu'en 1820. A cette époque, M. Vandeputte, curé-doyen de la paroisse, désirant rétablir le culte du saint patron, appela plusieurs notables de la ville qui avaient été présents à l'extraction des reliques en 1792. Ils reconnurent les boîtes dans lesquelles on les avait alors renfermées, et déclarèrent qu'elles n'avaient subi aucun changement. Ces reliques furent d'abord présentées à Mgr Belmas, qui les examina dans son palais épiscopal de Cambrai. Sa Grandeur reconnut que « cette tête était la même qui, pendant un long espace de temps, avait été exposée à la vénération des fidèles de la ville de Bergues, et qui, dans les derniers temps de calamités, avait été retirée de la châsse en argent, comme l'ont attesté des hommes dignes de foi, les uns prêtres, les autres laïques, lesquels tous, ou avaient vu autrefois cette tête exposée, ou l'avaient retirée eux-mêmes de la châsse en argent sus-mentionnée.

» Nous donc, continue le prélat, Nous avons replacé avec respect cette tête dans un reliquaire de cuivre jaune plaqué d'une couche d'étain à l'intérieur, après l'avoir liée avec une bande de soie noire et munie de notre sceau ; puis Nous avons permis et par les présentes permettons qu'elle soit exposée à la vénération des fidèles dans l'église de Saint-Martin de Bergues.

» Mais afin que les fidèles vénèrent plus facilement cette tête auguste, Nous en avons renfermé une parcelle dans une boîte dont le fond est en cuivre et la partie extérieure, que ferme une glace, en argent. Nous avons muni de notre sceau le fil de soie verte qui l'entoure. »

Cette lettre que nous venons de traduire en partie est du 27 mai 1820. Une autre lettre du même prélat publiait une indulgence de quarante jours pour les personnes qui assisteraient à la translation de ces reliques, du presbytère de Bergues à l'église de Saint-Martin.

La cérémonie eut lieu le 8 juin, en présence d'un peuple immense accouru de tous les pays voisins, et le reliquaire, enchâssé dans une statue en bois qui avait été bénite auparavant, fut placé dans le chœur. Le procès-verbal de cette cérémonie est signé par trois anciens religieux de l'abbaye de Saint-Winoc, par plusieurs prêtres et laïques des environs, par les vicaires de la paroisse, et enfin par M. Vandeputte, qui avait présidé la cérémonie.

Trois ans après, le 18 mai 1823, dans une translation solennelle, on renferma les reliques de saint Winoc dans un buste et

une châsse en argent, dont la piété géné-
reuse des habitants de Bergues avait fait
l'acquisition. Cette châsse, d'un travail magni-
fique, a coûté, dit-on, 18,000 francs. C'est
celle que l'on voit exposée dans le sanctuaire de Saint-Martin, pendant l'octave
solennelle du Saint.

IV

La Confrérie de Saint-Winoc.

Cette confrérie remonte à la plus haute
antiquité. D'après certains auteurs, elle aurait
été érigée peu de temps après le miracle de
la Colme, en souvenir du prodige opéré par
le saint Patron de Bergues. Elle a pour but
d'entretenir et de propager la dévotion des
fidèles envers saint Winoc. Plusieurs Papes
l'ont enrichie de faveurs spirituelles. En 1604,
Clément VIII la réforma, et Paul V la con-
firma par une bulle de 1612. D'autres Pontifes
accordèrent à ses membres de précieuses
indulgences (1). La Confrérie jouissait même

(1) 1° Indulgence plénière, accordée par le pape Pie VII,
le 6 novembre, jour de la fête de saint Winoc, et le
lendemain de la Pentecôte.

2° Indulgence de quarante jours à tous les fidèles qui

de privilèges temporels, qui n'existent plus qu'à l'état de souvenir. Ainsi, ses doyens étaient exempts de certains impôts, et la ville leur accordait encore d'autres privilèges.

Pendant la tourmente révolutionnaire, la Confrérie de Saint-Winoc disparut dans la ruine de l'abbaye; mais en 1820, sur la demande de M. le doyen Vandeputte, Mgr Belmas accorda la permission de rétablir la Confrérie, et bientôt elle compta dans son sein tout ce que Bergues renfermait d'habitants notables. Des étrangers même demandèrent à en faire partie; en 1870, plus de cinq cents personnes, soldats ou autres, s'y firent inscrire.

Parmi les articles du règlement, nous citerons les suivants :

Art. 13. Chaque année, le buste, renfermant la tête, et la châsse, contenant les reliques du bienheureux Saint, seront exposés dans le chœur de l'église paroissiale, à la

visitent l'église de Saint-Martin les jours de saint Winoc et de la Trinité.

vénération des fidèles, le vendredi avant la fête de la Pentecôte jusqu'au dimanche dans l'octave du Saint-Sacrement inclusivement.

Art. 14. Tous les ans, le jour de la fête, il sera célébré une messe solennelle aux frais de la Confrérie; à l'issue de cette messe, on fera la bénédiction des pains, qui seront distribués aux confrères à leur domicile respectif.

Cette distribution de pains bénits rappelle un des épisodes les plus touchants de la vie du Saint, alors que les anges tournaient eux-mêmes la meule pour remplacer le bon vieillard absorbé dans la prière !

Art. 15. Immédiatement après le décès de chaque membre de la Confrérie, il sera célébré une messe pour le repos de son âme. On y invitera tous les confrères, ainsi qu'à l'enterrement.

Art. 16. Seront admis à se faire inscrire tous les fidèles de l'un et l'autre sexe qui ont fait leur première communion.

Cet article n'est plus de rigueur; on fait

inscrire habituellement les enfants dès leur naissance.

Le règlement est approuvé et signé par Mgr Louis Belmas, évêque de Cambrai.

On a remarqué que *tous ceux* qui faisaient partie de cette pieuse Confrérie sont morts en donnant de grandes espérances de salut!

Que de grâces particulières dues à l'intercession du puissant Patron de Bergues! Chaque famille peut en relater. Sans doute la faveur obtenue de Rome va donner une nouvelle impulsion au zèle des confrères de Saint-Winoc, et tous les habitants de la ville qui porte son nom, se feront un devoir et un honneur de lui rendre, comme membres de sa Confrérie, de fervents et solennels hommages.

OFFICE DE SAINT WINOC

Approuvé par la Sacrée Congrégation des Rites

LE 20 JUILLET 1887

DIE VI NOVEMBRIS

IN FESTO

SANCTI WINNOCI, Abbatis

PATRONI PRINCIPALIS

BERGARUM.

Duplex I. classis cum octava.

Omnia de Communi Conf. non Pont., præter seq.

Ad I. Vesperas, Ant. de Laudibus.

HYMNUS

Audi, potens Rex gloriæ,
Ecclesiæ laudes tuæ :
Adsint preces fusæ tibi
Patris beati Flandriæ.
Cœli repletus lumine,

LE VI NOVEMBRE

EN LA FÊTE

DE SAINT WINOC, Abbé

PATRON PRINCIPAL

DE BERGUES.

Double de 1re classe avec octave.

Tout du Commun d'un Conf. non Pont., hors ce qui suit :

Aux I. Vêpres, Ant. des Laudes.

HYMNE

Écoutez, puissant Roi de gloire, les louanges de votre Église, et les prières répandues devant vous par le bienheureux Père de la Flandre.

Revêtu de la lumière des cieux, il a fait écla-

Orbi bonus resplen-
duit :
Exempla doctor præ-
vius,
Ostendit actis omni-
bus.

Mitis, pius, verus
pater,
Compassus est gra-
vissime
Icto viro virga Dei :
Fundit preces, lu-
men redit.

Cæcæ puellæ con-
tulit
Natura quod negave-
rat :
Illi diem, menti fi-
dem,
Exemplar et mortali-
bus.

Patri perennis glo-
ria,
Natoque Patris unico
Sanctoque sit Para-
clito
Per omne semper
sæculum. Amen.
℣. Ora pro nobis,
beate Pater Winnoce;

ter sa bonté aux yeux
de l'univers : docteur
et modèle, il donne
l'exemple en tous les
actes de sa vie.

Doux, pieux, vrai
père, il a eu compas-
sion du moine frappé
par la verge de Dieu :
il prie, et la lumière
lui est rendue.

A une jeune fille
aveugle, il rend ce que
la nature lui a refusé :
la lumière pour elle,
pour son âme la foi,
pour les hommes un
modèle.

Gloire éternelle au
Père, au Fils unique
du Père, au Saint-Es-
prit consolateur dans
tous les siècles. Ainsi
soit-il.

℣. Priez pour nous,
bienheureux Winoc,
notre Père ;

— 41 —

℟. Ut digni efficiamur promissionibus Christi.

AD MAGNIFICAT

Ant. Insignis Pater et defensor, Winnoce, ora pro nobis regem tuum, ut per te in hac nos via dirigat, atque veræ lucis deducat in patriam, ubi tecum exsultemus lætitia perenni et cum angelis dicamus : Alleluia.

ORATIO

Deus, qui in diversis nationum populis præclaros veræ fidei constituisti doctores : concede, quæsumus, ut omnes, qui ad sancti confessoris tui Winnoci festa conveniunt, præsentis prosperitatis gaudium, et futuræ beatitu-

℟. Afin que nous devenions dignes des promesses du Christ.

A MAGNIFICAT

Ant. Saint Winoc, notre illustre Père et Patron, priez pour nous votre Roi, afin que, par vous, il nous dirige dans nos voies, et nous conduise vers la véritable lumière dans la patrie où nous jouissions avec vous de la félicité éternelle, chantant avec les anges : Alleluia.

ORAISON

O Dieu, qui, parmi les divers peuples de la terre, avez suscité d'illustres docteurs de la vraie foi : accordez à nos prières que tous ceux qui se rassemblent pour la solennité de votre saint confesseur Winoc, obtiennent la joie et la prospérité dans la vie présente, avec la

dinis gloriam consequantur. Per Dominem.

gloire et la béatitude de la vie future. Par Notre-Seigneur.

AD MATUTINUM.

Invitatorium. Laudemus Deum nostrum in confessione beati Winnoci.

Ps. Venite, exsultemus.

Ant. et Ps.de Communi Conf. non Pont.

Hymnus ut supra in primis Vesperis.

IN I. NOCTURNO

Lectiones I. Noct. Beatus vir, *de e dem Communi 2o loco.*

ũ. I. Bertinus pater, Christi intuens tironem antiquo hosti concertantem jamjamque vincentem, Evangelii lege ei imponit ut eat et fructum ferat.

ỹ. Videns etenim in omnibus viis suis

A MATINES

Invitatoire. Célébrons notre Dieu dans les louanges du bienheureux Winoc.

Ps. Venez, réjouissons-nous.

Ant. et Ps. du Commun d'un Conf.nonPont.

Hymne comme aux I. Vêpres.

I. NOCTURNE

Leçons du I. Noct. Bienheureux l'homme, *du même commun en 2' lieu.*

Le vénérable Bertin, voyant le jeune soldat du Christ combattre l'antique ennemi et triompher de lui, selon la loi de l'Évangile, lui impose de marcher et de porter du fruit.

Car il voit le jeune héros guidé dans toutes

juvenem duci Spiritu Sancto.* Evangelii.

℟. II. Accinxit se in opus manuum athleta præclarus, * Et commilitonibus juvantibus Ecclesiam Christo fundavit.

℣. Spreta natalium gloria, manuum comedebat labores.* Et commilitonibus.

℟. III. Constitutus auriga currûs Christi vir Dei plenus, * Exemplo sui subditos in angelicam traxit vitam.

℣. Gradu et merito summus, non ministrari, sed cum Christo elegit ministrare. * Exemplo. Gloria Patri.* Exemplo.

IN II. NOCTURNO
Lectio IV.

Winnocus, in Britannia minori regia ortus prosapia, quum evangelicæ perfectionis desiderio te-

ses voies par le souffle de l Esprit-Saint.

L'illustre athlète se met à l'œuvre, et avec l'aide de ses compagnons, il fonde une Eglise au Christ.

Dédaignant la gloire de sa naissance, il mangeait le fruit du travail de ses mains.

L'homme rempli de Dieu, établi conducteur du char du Christ, par son exemple entraîne ses inférieurs à une vie angélique.

Le premier par le rang et le mérite, il choisit, non pas d'être servi, mais de servir avec le Christ.

II. NOCTURNE.
Leçon IV.

Winoc était de la famille royale de Bretagne ; épris du désir de la perfection évangélique, il se rendit avec

neretur, ad Bertinum, magni tunc nominis abbatem, in Morinos venit cum sociis genere claris. Quos ille in numerum suorum receptos, inter ipsa conversationis primordia, culmen perfectionis jam attigisse miratus, nec alieno ultra indigere magisterio, locum concessit construendæ cellæ, apud Wormholtum in pago Teruanensi ab Heremaro viro nobili nuper oblatum.

℟. iv. Dilectus Dei misertus est super virum cæcitate percussum.* Stratus humi precatur et lumen amissum reparatur.

℣. Factusque est imitator Domini patientis pro inimicis exorantis. * Stratus humi.

quelques jeunes seigneurs en Morinie, auprès de Bertin, abbé alors en grand renom de sainteté. Celui-ci les reçut avec joie au nombre de ses disciples ; dès le début, il les vit avec admiration atteindre le sommet de la perfection, et jugeant qu'ils n'avaient plus besoin de maître, il les envoya fonder une colonie de moines, près de Wormhoudt, dans un village du pays de Thérouanne, sur une terre offerte par le seigneur Hérémar.

L'élu de Dieu a eu compassion du coupable frappé de cécité. Prosterné à terre, il prie, et la vue lui est rendue.

Et il devient un imitateur du Seigneur en croix priant pour ses ennemis.

Lectio V.

Quo loco exstructis in monachorum et peregrinorum usus habitaculis, ita contemplationi se dederunt, ut tamen nihil prius habuerint, quam hospitum pauperumque commodis prospicere, labore manuum quæ necessaria erant comparatis. Cui conventui a sancto Bertino præfectus Winnocus ita se gessit, ut præsulatum non in dominationem aut segnitiem verteret, sed quidquid operis vile aut arduum videretur, ipse sibi reservaret.

℟. v. Jam solo corpore mundo hærebat senex emeritus, * Spiritu cupiens hinc migrare et Patris in cœlo faciem videre.

Leçon V.

En ce lieu, ils bâtirent un couvent avec une hôtellerie pour les pèlerins. Tout en se livrant à la contemplation, ils ne laissaient pas de pourvoir, par le travail de leurs mains, aux nécessités des pauvres et des voyageurs. Placé à la tête du couvent par saint Bertin, Winoc n'abusa point de sa charge pour dominer ou se reposer, mais il se réserva au contraire toutes les besognes viles ou fatigantes.

Déjà le vieillard, chargé de mérites, ne tenait plus au monde que par le corps seul ; son âme brûlait du désir de s'envoler et de voir la face du Père dans le ciel.

℣. Hoc ore, hoc mente, hoc lacrymis petebat ut vas carneum deponeret. ˙ Spiritu cupiens.

Lectio VI.

Multis igitur exantlatis laboribus, virtutibus clarus et miraculis migravit ad Dominum octavo idus novembris, anno septingentesimo decimo septimo, atque in Wormholto sepulcrum accepit. Postea Danis maritima ferro flammaque vastantibus, sacrum ejus corpus in Sithiu depositum fuit, quo usque mandante Balduino Calvo Flandriæ comite Bergas delatum est. Quod oppidum usque in præsens, et nomine, et meritis illustravit.

℞. vi. Advenit dies optata Winnoco, et

De bouche, de cœur, et par ses larmes, il demandait de quitter ce vase de chair.

Leçon VI.

Après de longs travaux, célèbre par ses vertus et ses miracles, il s'endormit dans le Seigneur le 8 des ides de novembre, l'an 717, et fut enterré à Wormhoudt. Plus tard, quand les Danois mirent à feu et à sang les régions maritimes, son saint corps fut déposé à Sithiu, jusqu'à ce que, sur l'ordre de Bauduin le Chauve, comte de Flandre, il fut transporté à Bergues. Jusqu'à nos jours, cette ville a été illustrée par son nom et ses mérites.

Le jour désiré arrive pour saint Winoc, et,

vinclis disruptis, Angelorum comitante caterva, conscendit ad cœlos.

℣. Refectus Christi corpore, emisit spiritum. * Angelorum comitante.

après avoir brisé ses liens, escorté par une troupe d'anges, il monte vers les cieux.

Nourri du saint Corps du Christ, il rendit l'esprit.

IN III. NOCTURNO

Lectio sancti Evangelii secundum Matthæum.

III. NOCTURNE

Leçon du saint Evangile selon saint Matthieu.

Lectio VII.

Cap. XIX.

Leçon VII.

Chap. 19.

In illo tempore : Dixit Petrus ad Jesum : Ecce nos reliquimus omnia et secuti sumus te : Quid ergo erit nobis ? — Et reliqua.

En ce temps là, Pierre dit à Jésus : Voici que nous avons tout abandonné pour vous suivre : Quelle sera notre récompense ? — Et le reste.

HOMILIA S. BERNARDI ABBATIS.

HOMÉLIE DE S. BERNARD, ABBÉ.

Decl. de Ev. huj. verbis.

Explication des paroles de cet Evangile.

Arbitror verba lectionis hujus ea esse, de quibus ad immortalem Sponsum a finibus terræ clamat

Je pense que ce sont là les paroles auxquelles fait allusion l'Eglise, quand des extrémités de la terre elle crie à

Ecclesia : Propter verba labiorum tuorum, ego custodivi vias duras. Hæc nempe sunt verba quæ contemptum mundi in universo mundo, et voluntariam persuasere hominibus paupertatem. Hæc sunt quæ monachis claustra replent, deserta anachoretis. Hæc, inquam, sunt verba quæ Ægyptum spoliant, et optima quæque ejus vasa diripiunt. Hic sermo vivus et efficax, convertens animas felici æmulatione sanctitatis, et veritatis promissione fideli.

℟. VII. Pretiosus Dei miles Winnocus cum Patriarchis exsulat, cum Apostolis seipsum abnegat, cum Martyribus crucem bajulat, * Cum

son Epoux immortel : A cause des paroles tombées de vos lèvres, j'ai suivi les sentiers étroits. Oui, voilà les paroles qui, dans le monde entier, ont persuadé aux hommes le mépris du monde et la pauvreté volontaire. Voilà les paroles qui peuplent les cloîtres de moines, les déserts d'anachorètes. Voilà les paroles qui enlèvent à l'Egypte ses dépouilles et ses vases les plus précieux. C'est la parole vive et efficace, convertissant les âmes par l'heureuse émulation de la sainteté et la promesse fidèle de la vérité.

Le valeureux soldat de Dieu, saint Winoc, gémit dans l'exil avec les Patriarches, se renonce lui-même avec les Apôtres, porte la croix avec les Martyrs,

Virginibus in Agni comitatu exsultat.

℣. Ergo translatus cœli super astra beatus, * Cum Virginibus.

Lectio VIII.

Nam et mundus transiit, et concupiscentia ejus : et relinquere hæc magis expedit, quam relinqui. Ecce, inquit, reliquimus omnia et secuti sumus te : nimirum, quia exsultavit ut gigas ad currendam viam, nec currentem sequi poteras oneratus. Sed nec inutilis commutatio, pro eo qui super omnia est, omnia reliquisse : nam et simul cum eo donantur omnia ; et ubi apprehenderis eum, erit unus ipse omnia in omnibus, qui pro ipso omnia reliquerunt. Omnia

marche avec les Vierges sur les pas de l'Agneau.

Transporté par delà les étoiles du ciel, bienheureux il marche avec les Vierges.

Leçon VIII.

Le monde a passé avec ses convoitises : il vaut mieux abandonner ces biens que d'être abandonné soi-même. Voici, dit-il, que nous avons tout quitté pour vous suivre : n'est-ce point parce qu'il s'est élancé dans la carrière comme un géant, et qu'il ne pouvait, avec un fardeau, le suivre dans sa course. Mais ce n'est pas un échange inutile de quitter tout pour Celui qui est au-dessus de tout ; car avec Lui on reçoit tout ; et quand on l'a saisi, seul il est tout en tous ceux qui, pour lui, ont tout quitté. Je dis *tout quitté*,

sane dixerim, non tantum possessiones sed etiam cupiditates, et eas maxime.

℟. VIII. Tui coronam Winnoci, Jesu benignissime, poscimus, * Ut quomodo nobiscum ipse peregrinatus est corpore in terris, ita spiritu ipsi cohabitemus in cœlis.

℣. Delectare, Christe, hymnis nostris et intende precibus. * Ut quomodo. Gloria Patri. * Ut quomodo.

Lectio IX.

Petrus cogitatum suum jactans in Domino, et omnem sollicitudinem suam in eum projiciens, certus quod illi foret cura de eo, reliquit omnia, secutus est Dominum, ne interrogans quidem de præmio, donec de peri-

pas seulement les biens réels, mais encore les désirs, et ceux-là surtout.

O Jésus très bon, nous demandons la couronne de votre serviteur Winoc, *Afin que, comme il a été avec nous de corps sur la terre, de même nous habitions avec lui en esprit dans les cieux.

Agréez, ô Christ, nos chants et exaucez nos prières.

Leçon IX.

Pierre confie au Seigneur ses projets et jette dans son sein toute sa sollicitude. Assuré que le Maître prendrait soin de lui, il a tout quitté pour le suivre, sans même s'informer de la récompense; alors seulement quand le Sauveur parle du péril

culo divitum quo Salvator persequebatur, sumeret occasionem percontandi : Quid ergo erit nobis? Ait illi Jesus : Amen, dico vobis. Verbum confirmationis præmittitur, magnum noveris esse quod sequitur. In regeneratione sedebitis et vos. Consequemini, ait, quem sequimini, ut quum ipse sederit, et vos pariter sedeatis. O sessio! Quis mihi tribuat, ut dignis exprimam verbis, quod de sessione hac cordis affectione concipio? Imo, quis tribuat mihi sessionis hujus imperturbata frui requie, quam desidero, quam cupio, quam requiro?

Te Deum.

des richesses, Pierre en prend occasion de demander : Qu'est-ce donc que nous aurons? Jésus lui répond : En vérité, je vous le dis — parole solennelle, qui fait pressentir quelque chose de grand, — dans la résurrection vous siégerez à côté de moi. Vous atteindrez, dit-il, celui que vous suivez, et quand il aura pris sa place, vous aurez aussi la vôtre à ses côtés. O place bienheureuse! Qui me donnera d'exprimer dignement ce que je pense de cette place au plus intime de mon cœur? Ou plutôt, qui me donnera de jouir sans fin et sans trouble de cette place que je désire, que je convoite, que je recherche avec ardeur?

Cantique Te Deum.

AD LAUDES	**A LAUDES**
ET PER HORAS.	ET AUX PETITES HEURES.
ANTIPHON.E.	ANTIENNES.

1. De prole gaudeat Britannia, tripudiet de Patre Flandria, tota simul exsultet Ecclesia.

2. Ave, Pater pie; ave, dux clare; salve, dulcedo patriæ; salve, gaudium plebis tuæ.

3. Fulges ante Dei thronum; adsis pietate, ubi aderas olim corpore.

4. Qui omnem mancum, et languidum curas; nos a labe mentis expedias.

5. Winnoce Pater, in requie pacis tuæ saluti nostræ coram Rege regum consule.

Capit. Beatus vir.

---

1. Que la Bretagne se réjouisse de son fils, que la Flandre chante son Père avec toute l'Église.

2. Salut, Père aimant; salut, chef illustre; salut, douceur de ta patrie; salut, joie de ton peuple.

3. Tu resplendis devant le trône de Dieu; reste au milieu de nous par ta bonté, comme tu étais jadis pendant ta vie.

4. O toi, qui guéris tous les estropiés, tous les malades, délivre-nous aussi des souillures de l'âme.

5. Winoc, notre Père, dans le repos de la paix, veille à notre salut devant le Roi des rois.

Capitule : Bienheureux l'homme.

Hymnus. Jesu, corona celsior.

De Comm. Conf. non Pont.

℣. Ora pro nobis, beate Pater Winnoce;

℟. Ut digni efficiamur promissionibus Christi.

Ad Bened. ANT.

Ferrei nexus franguntur tuis meritis; vincti, Winnoce, solvuntur; expelle hostes nobis insidiantes qui corporum depellis languores.

Oratio, ut supra.

Ad Horas, Cap. ℟. et ℣. de Communi.

AD II VESPERAS.

Omnia ut in primis.

Hymne. Jesu, corona celsior.

Du Commun d'un Conf. non Pont.

℣. Priez pour nous, bienheureux Winoc, notre Père;

℟. Afin que nous devenions dignes des promesses de Jésus-Christ.

A Bened. ANT.

Par tes mérites, Winoc, les chaînes de fer sont brisées, les prisonniers sont délivrés; chasse les ennemis qui nous tendent des embûches, toi qui chasses les maladies des corps.

Oraison, comme plus haut.

Aux petites Heures, Cap. ℟. et ℣. du Commun.

AUX II VÊPRES.

Tout comme aux premières.

DIE XVIII SEPTEMBRIS

IN FESTO

TRANSLATIONIS

SANCTI WINNOCI, Abbatis

PATRONI PRINCIPALIS

BERGARUM.

Duplex majus.

Omnia ut in festo, die VI novembris, præter sequentia.

Lectio IV.

Temporibus Caroli Calvi, Francorum regis, dum Balduinus Ferreus, ejusdem gener, Flandriæ monarchiam gloriose teneret, mucro divinæ animadversionis de vagina eductus circa marina præcipue loca scelera ulciscendi causa desæviit : merito enim

LE XVIII SEPTEMBRE

EN LA FÊTE

DE LA TRANSLATION DES RELIQUES

DE SAINT WINOC, Abbé

PATRON PRINCIPAL

DE BERGUES.

Double majeur.

Tout, comme en la fête du VI novembre, hors ce qui suit.

Leçon IV.

Au temps de Charles le Chauve, roi de France, tandis que Baudouin Bras-de-fer, son gendre, gouvernait glorieusement le comté de Flandre, le glaive de la colère divine, sorti du fourreau, exerça toutes ses vengeances, surtout dans les contrées maritimes : par ses fautes, le peuple de

sui erroris populus terræ id promeruit. Funestum ergo satellitem regio Danorum evomuit, qui circum vicinia quæque ferro et igni vastavit, maximeque in finibus Flandrorum et Mempiscorum incredibili sæviit exterminio. Unde sacrosanctum beati Winnoci corpus de loco propriæ quietis Wormholto in ecclesiam Sancti Audomari apud Sithiu transferre visum est, ubi per longum ævi spatium, Audomaricolis non infimo honori fuit, donec pestis præfata, Dei miseratione, sopita quievit.

℟. iv. Dilectus Dei.

Lectio V.

Successu temporis, rerum summam

ces pays avait mérité ce châtiment. La région danoise vomit un flot de barbares, qui portèrent partout le fer et la flamme, et exercèrent des ravages incroyables, surtout dans le territoire des Flamands et des Ménapiens. On résolut donc de transporter le saint corps du bienheureux Winoc, de Wormhoudt où il reposait, dans l'église de Saint-Omer, près de Sithiu, et là, pendant un long espace de temps, il fut grandement honoré par les habitants de Saint-Omer, jusqu'au jour où le fléau s'apaisa, et cessa enfin par la miséricorde de Dieu.

℟. iv.

Leçon V.

Dans la suite des temps, régna en Flandre

in Flandria tenuit Balduinus, cognomine Calvus, vir undequaque clarissimus et fortissimus. Qui hostilis incursionis metu vix post longum furorem quiescente, hujus patriæ fines hactenus facile pervios castris munivit ; præterea locum Bergas dictum auxit præsidio, ut regioni circumjacenti munimento esset ac tutelæ, ibique Ecclesiam erexit titulis Martini et Winnoci Confessorum Christi insignitam. Id insuper præclarum animo concepit, corpus nempe beati Winnoci illo transferre, ut in posterum secura laborum tanto protectore Flandria gauderet.

℟. v. Jam solo corpore.

Baudouin, surnommé le Chauve, chef très illustre et très valeureux : les craintes des invasions des ennemis commençaient à peine à se calmer, après de longues horreurs ; il munit de forts ces contrées jusqu'alors faciles à envahir ; de plus, il mit une garnison au lieu appelé Bergues, pour défendre et protéger la contrée voisine, et il y bâtit une église en l'honneur des Saints Confesseurs Martin et Winoc. Enfin, il conçut le projet glorieux de transporter à Bergues le corps de saint Winoc, pour qu'à l'avenir la Flandre pût vivre dans la sécurité et le bonheur sous une telle protection.

℟. v.

| *Lectio VI.* | *Leçon VI.* |

Igitur, anno Christi nongentesimo, hæc translatio facta est, obnitentibus licet Audomaricolis. Post sæculum alter Balduinus comes Barbatus dictus, arcem quam in superiore Bergarum parte inceperat in meliores usus convertit; ibi enim templo ac monasterio exstructis, sacras beati Patris Winnoci exuvias cum monachis e sancti Bertini cœnobio vocatis collocavit, probante et assistente Harduino episcopo. Nunc vero expulsis impiorum vi monachis et monasterio diruto Bergis, in Ecclesia parochiali asservantur caput et reliquum corpus sancti Win-

Donc, l'an de Notre-Seigneur 900, cette translation eut lieu, malgré l'opposition des habitants de St-Omer. Un siècle plus tard, un autre comte, Baudouin, dit A-la-Belle-Barbe, consacrant à un meilleur usage une citadelle qu'il avait commencée dans la partie supérieure de Bergues, y fit bâtir un temple où il plaça le tombeau du B. Winoc notre Père, et établit des moines appelés du monastère de Saint-Bertin, avec l'approbation et en présence de l'évêque Harduin. Mais de nos jours, les moines ayant été expulsés par la violence des impies, et le monastère ayant été détruit, on conserve dans l'église paroissiale la tête et le corps de saint

noci, quæ juridice recognita pretiosissimis ex argento hierothecis inclusa sunt anno Domini millesimo octingentesimo vigesimo tertio. Pius vero Papa Septimus indulgentiam plenariam eodem anno in perpetuum concessit omnibus præfatam Ecclesiam visitantibus in festo ipsius sancti Abbatis, Bergarum Patroni.

℟. vi. Advenit dies.

Winoc. Ces reliques, juridiquement reconnues, ont été renfermées dans des châsses d'argent très précieuses, l'an du Seigneur 1823. Le pape Pie VII, la même année, a accordé une indulgence plénière à quiconque visiterait cette église le jour de la fête du saint Patron de Bergues

℟. vi.

CANTIQUE A SAINT-WINOC

(*Musique de M. Édouard Delarroqua.*)

REFRAIN

Chantons, célébrons la mémoire
Du saint Apôtre des Flamands !
Triomphant au sein de la gloire,
Winoc, veillez sur vos enfants !

1

Méprisant les splendeurs d'un trône,
Winoc suit les pas de Jésus ;
Pour une fragile couronne,
Il reçoit celle des élus !

2

En vain les larmes de sa mère
Veulent retenir son ardeur ;
Bien loin, sur la terre étrangère,
Au cloître, il cherche le bonheur.

3

Un jour, l'enfant de la Bretagne,
Du Christ paisible conquérant,
Planta sur la *Verte montagne* (1)
De Jésus l'étendard sanglant.

4

Autour de lui bientôt s'assemble
De moines un essaim nombreux,
Priant et travaillant ensemble
Pour secourir les malheureux.

5

Voyez-le, célestes phalanges,
Des rois ce noble descendant,
Tourner la meule avec les anges,
Broyer le blé de l'indigent.

6

De Dieu partageant la puissance,
Il guérit tous les maux du corps,
De l'âme allège la souffrance,
Et ravit au tombeau les morts.

(1) *Groenenberg*, ancien nom flamand de Bergues.

7

Grand Saint, écoutez la prière
Des enfants de votre cité ;
Gardez en eux, ô tendre Père,
L'innocence et la piété.

IMPRIMATUR

H. MONNIER,

Ev. de Lydda, v. g.

TABLE DES MATIÈRES

A. M. D. G.

Lille. Typ. J. Lefort. 1887

9 782329 415970